Michael Felske

Rotkäppchen

Mit Wendepuppe erzählt

Bibliografische Information der Deutschen Nationalbibliothek:
Die Deutsche Nationalbibliothek verzeichnet diese Publikation in der Deutschen Nationalbibliografie; detaillierte bibliografische Daten sind im Internet über http://dnb.dnb.de abrufbar.

Fotos: **Franka Felske**

Herstellung und Verlag: BoD – Books on Demand, Norderstedt

ISBN: 978-3-744840682

Inhaltsverzeichnis

Vorwort
Wie der Autor auf diese Idee kam

Märchen erzähle ich sehr gerne. Märchen kenne ich schon ganz lange. Geboren wurde ich irgendwo zwischen Frau-Holle-Teich und Rotkäppchenland in Nordhessen. Klar, dass Märchen ein Leben lang eine große Rolle in meinem Leben gespielt haben. Nachdem ich als Märchenerzähler die Wendepuppe Rotkäppchen vom Tourismusservice Rotkäppchenland e.V. (rotkaeppchenland.de) in den Händen hielt, war mir völlig klar, dass ich diese mit in meine Erzählung einbauen werde. Rasch spürte ich, dass es dann möglicherweise eine andere, eine weitere Dimension in der Veranstaltung geben wird. Mit Wendepuppe das Märchen zu erzählen bietet zahlreiche zusätzliche Möglichkeiten. Sie sind allerdings weit entfernt von einer Figurentheaterinszenierung Rotkäppchen. Damit hat es (fast) rein gar nichts zu tun. Es ist eben einfach ein anderes Genre und nach meiner Erfahrung äußerst attraktiv für Erzähler und Publikum.

Nach einigen Proben gelang es mir, die Figur während meiner Erzählung „auszuspielen" – eben alles zu tun, was mit einer Puppe, einer Figur in der entsprechenden Situation so möglich ist. Und dann kam ich auf die Idee dies alles aufzuschreiben für Menschen, die es mir gleich tun wollen und andere mit dem erzählten Märchen Rotkäppchen und der passenden Wendefigur eine schöne Zeit zu ermöglichen. So einfach war das. Jetzt ist das kleine Büchlein fertig. Mir bleibt jetzt nur noch Ihnen viel Freude beim Lesen und

Proben zu wünschen. Wenn Sie das Märchen lieber
ohne Puppe erzählen wollen, dann finden Sie meine Version im hinteren Teil des Buches. In bei-
den Fällen rate ich Ihnen zu eifrigen Proben,
die Sie am besten auch aufzeichnen, damit Sie
ein echtes Feedback erhalten. Denken Sie diesbezüglich immer daran: „Wer sich nicht vorberei-
tet, der bereitet das Scheitern vor."
  In diesem Sinne: Unternehmen Sie alles um Ihr
Publikum mit auf die abenteuerliche Reise ins
Märchenland zu nehmen. Es wird es Ihnen reich-
lich danken!

Michael Felske

Märchen und Demenz
Warum Märchen Demenzpatienten gut tun

Die Demenzerkrankung nimmt in der Bevölkerung zu und ist der häufigste Grund für die Einweisung in eine Pflegeeinrichtung. Dort aber auch noch zuhause durch die privat Pflegenden erzählt können Märchen viel Gutes tun. Märchen können zu mindestens zeitweise einen positiven Einfluss auf den Krankheitsverlauf nehmen. „Warum ist das eigentlich so?", kann man sich fragen. Die Antwort ist relativ einfach: Märchen sind allen bekannt, wir sind mit diesen Geschichten aufgewachsen und erinnern uns möglicherweise heute noch an die Gefühle, die die Märchen damals bei uns hervorgerufen haben. Genau diese Ebene der Gefühle existiert auch noch in den ersten Stufen der Demenzkranken. Mit Gefühlen wie Freude, Angst, Erleichterung, Wut etc. wecken professionell gemachte Märchenerzählungen bei den erkrankten Zuhörern Erinnerungen und fragen damit das Langzeitgedächtnis ab. Damit bestätigen die Demenzkranken ihr eigenes Selbst und fühlen sich dadurch mit einem Mal sicher. Weckt die aktuelle Märchenerzählung Emotionen wie oben genannt, dann ist davon auszugehen, dass diese Informationsaufnahme auch am nächsten Tag noch parat ist – vielleicht sogar Eingang in das verbliebene Kurzzeitgedächtnis gefunden hat.

Das Publikum einer Märchenerzählung ist in Wirklichkeit der eigentliche Star der Veranstaltung und nicht der oder die Vortragende. Durch aktivierende Erzählweise bleiben sie in Kontakt mit den Zuhörern und gehen auch direkt auf sie ein. Unterschiedliche Tempi in der Erzählung, Stimmlage, Mimik, Gestik – eben alle Ebenen der Kommunikation – dienen dazu, die Spannung entsprechend aufzubauen. Dies steigert die Aufmerksamkeit im Publikum und sorgt für emotionsgeladene Erlebnisse. Märchenerzählungen tragen erwiesenermaßen zum Erhalt der kognitiven Leistungsfähigkeit bei und stärken die psychische Gesundheit. Pflegekräfte stellen fest, dass es weniger rücksichtsloses Verhalten der Bewohner ihnen gegenüber gibt. Sie werden dadurch entlastet und ihnen gelingt ein besserer Zugang zu Bewohnern und auch ihren Angehörigen. Letztere spüren einsetzende Verhaltensänderungen und werden spürbar beruhigter.

Menschen mit Demenz stehen verstärkt unter dem Einfluss von Emotionen. Bei Erzählungen kann es passieren, dass mit der Märchenfigur geweint wird wie es früher war, als der Erkrankte genau das gleiche Märchen von seiner Mutter erzählt bekommen hat. Somit dient die Märchenerzählung als Schlüssel zur Gefühlswelt und Persönlichkeit von demenzkranken Menschen.

Die Erzähl-Situation
Hintergrund, Bekleidung und Beleuchtung

In mehr als zehn Jahren Veranstaltungs- und Spielerfahrung als Berufspuppenspieler und Unterhaltungskünstler habe ich Spielstätten und Veranstaltungsorte kennen gelernt, die unterschiedlicher nicht sein können. Von der Küche einer Kindertagesstätte über das Internationale Congress Centrum Berlin bis zum Olympiastadion war alles dabei. Absolute Flexibilität war hier ständig gefragt.

Bei bisweilen furchtbaren Umständen half mir stets ein kräftiges auf drei Meter ausfahrbares Stativ mit Fangmaul oben, das eine (Zelt-) Stange von bis zu vier Metern Breite fassen konnte. Die Stange war in der Breite variabel und trug einen schwarzen Hintergrundstoff von bis drei Metern Höhe. Somit war ich stets für alle Eventualitäten gerüstet und konnte so meinen Hintergrund an die jeweiligen Räumlichkeiten anpassen. So ganz nebenbei, und das war ja mein Hauptansinnen, sah es immer chic und ordentlich aus. Gestapelte Stühle, Turn-Utensilien und was auch immer die Räume so an Vielfalt boten, verschwand hinter meinen Stoff.

Bei Auftritten als Märchenerzähler oder -erzählerin brauchen Sie ja keine große Bühne wie ich früher. Dennoch empfehle ich Ihnen ein **Hintergrundsystem**, das eigentlich für Fotografen gedacht ist. Es besteht aus zwei Stativen und einer Querstange/Traverse sowie den passenden Stoffen in drei Farben. Grün und weiß können Sie sicherlich für manche Fotoaufnahmen verwenden, der schwarze Stoff erfüllt genau den Zweck wie mein Theaterhintergrund früher. Die Kosten liegen bei bis zu 30 EURO – einfach mal bei E-Bay nachschauen oder die Suchmaschine Google befragen. Auch wenn Sie die Kontaktnähe zu Ihren Zuhörern halten, sich im Raum bewegen und auf sie zugehen – sie vielleicht sogar der jeweiligen Geschichte entsprechend berühren – ein aufgestellter Hintergrund ist aus meiner Sicht stets von Vorteil. Schließlich können Sie dahinter Ihre persönlichen Dinge verschwinden lassen. Alternativ setzen Sie sich gleich zu Beginn vor Ihr Publikum und verzichten generell auf einen Hintergrund.

Zu den Dingen, die Sie durch ein Hintergrundsystem kaschieren können, zähle ich auch die **Bekleidung** resp. Oberbekleidung. In besonderen Situationen tragen Menschen besondere Kleidung, die sich von der Alltagskleidung erheblich unterscheiden sollte. Bestes Beispiel sind die Vorstellungsgespräche, die man ja nicht im pinken Fleecepulli wahrnimmt. Als Märchenerzähler oder -erzählerin bietet sich Ihnen Mittelalterbekleidung an. Hier finden Sie im Internet ausreichend und vielfältige Möglichkeiten. Klar, dass Sie sich auch selber z.B. einen Umhang oder Mantel schneidern können – es darf auch gerne ein goldenes Bekleidungsstück sein. Ich selbst bevorzuge weite bequeme Mittelalterhemden mit Gürtel und dazu passende Hosen. Am Gürtel können Sie zusätzlich die Erzählung unterstützende Requisiten befestigen.

Ihre Zuhörer sollten idealerweise in einem geöffneten **Stuhlkreis** vor Ihnen sitzen. Bei großem Publikum bleib allerdings nur die Kinobestuhlung in Reihen. Der halbe Stuhlkreis ermöglicht Ihnen leicht die direkte Kontaktaufnahme zu Ihren Zuhörern/Zuschauern: Sie können einfach auf sie zugehen, vor ihnen stehen bleiben, direkt Fragen stellen etc. Bei Kinobestuhlung sollten Sie darauf achten, dass die Reihen nicht so breit sind. Für Kontaktnähe sind Ihre Wege dann so weit.

Haben Sie schöne Bühnenbekleidung und eine Puppe, die mit Ihnen das Märchen erzählt, dann ist es ganz besonders für den Anfang wichtig, dass Sie auch von allen gut gesehen werden. Sorgen Sie entweder für gute Beleuchtung im ganzen Raum oder nutzen Sie eigene Leuchten. Professionelle Bühnenscheinwerfer sind unheimlich teuer und für Sie nicht unbedingt erforderlich. Zur **Beleuchtung** reichen zwei Fotolampen mit Stativen meiner Erfahrung nach völlig aus. Investieren müssen Sie sicherlich bis zu 40 EURO, liegen damit aber bestimmt noch im schmerzfreien Bereich. Beachten Sie bitte die Sicherheit bei der Verlegung von Kabeln und der Aufstellung von Kabeltrommel und Mehrfachsteckdosen!

Wenn Sie musikalisch sind, dann können Sie auch **Lieder** mit in Ihr Märchenprogramm einbauen. CDs dazu gibt es im Fachhandel und im Internet – die Noten finden Sie sicherlich auch auf diesen Wegen. Wenn Sie selbst singen bietet sich eine einfache Liedbegleitung an. Ich bevorzuge die Ukulele, die leichter zu Händeln ist als z.B.

eine große Westerngitarre. Ein Lied zur Eröffnung Ihrer Erzählung ist die gute Wahl: Sie beginnen noch hinter Ihren Vorhang zu singen, das Licht dimmt auf und dann stehen Sie noch singend vor Ihren Publikum. Und die Geschichte beginnt.

Sprache und Stimmlagen
Es muss perfekt zu den Figuren passen

Erinnerns Sie sich bitte einfach einmal zurück an Ihre Kindheit! Was hat Ihnen beim Zuhören einer vorgelesenen Geschichte besser gefallen – der stets gleichmäßige Klang der Stimme von Mutti oder Vati – egal ob Wolf oder Großmutter sprechen – oder die Version von Onkel Oskar, der dem Wolf eine furchterregende Stimmcouleur verpasst hat, die Ihnen beinahe das Blut in den Adern hat gefrieren lassen? Na? Spannender war es doch eng an den Onkel gekuschelt das Schaudern und den Grusel der Geschichte zu überstehen und mit zu fiebern wie es denn am Schluss ausgeht, stimmt´s.

Genau diese Erkenntnis führt uns für Ihre Karriere als Märchenerzähler oder Märchenerzählerin auf die richtige Fährte. Wollen Sie Ihre Zuhörer mit Ihrer Erzählung fesseln und so richtig in den Bann schlagen? Die Antwort lautet ganz bestimmt ja! Richtig und dennoch schade. Denn Sie können jetzt noch nicht ungeduldig weiterblättern und sofort mit Ihrem Märchen loslegen. Sie brauchen auch hinsichtlich Stimme und Stimmlage einige Vorbereitungen, denn beides muss immer (während der kompletten Erzählung) zu den handelnden Figuren passen.

Also: Bitte legen Sie JETZT das Büchlein zur Seite, stehen Sie auf, gehen Sie von mir aus im Zimmer hin und her und überlegen Sie, welche Stimme Sie dem bösen Wolf leihen wollen. Da diese sich am meisten von den anderen Stimmen unterscheidet, wird dieses Vorgehen für Sie sicherlich am einfachsten sein. Probieren Sie aufrecht im Stehen, denn dann ist die Luftstütze für die Power in Ihrer Stimme am kräftigsten. Bei den verschiedenen Stimmen, die Sie gerade ausprobieren, hilft es Ihnen, in die Rolle des Wolfes zu schlüpfen. Seinen Sie böse, hinterhältig und gemein. Erarbeiten Sie sich das Gefühl möglichst genau, denn so kommen Sie bestimmt schnell ans Ziel. Haben Sie die böse Wolfsstimme jetzt? Sehr gut, dann geht es weiter im Text.

Genauso verfahren Sie mit Rotkäppchen, Mutter und der Großmutter. Wenn Sie alle Stimmlagen gefunden haben, dann üben Sie schnelle Wechsel von einer Stimmlage zur anderen. Der Text ist dabei völlig beliebig. Idel ist es, wenn Sie mit Ihrem Training bis zu einem Streitgespräch mit raschen Wechseln kommen. Nur dann sind Sie sicher und wirklich sattelfest!

Nun, denke ich, haben wir die wichtigsten Sachen bedacht: Es kann losgehen!

Spielanleitung
Regieanweisungen und Tipps im Text

Bei allem was folgt gehe ich davon aus, dass Sie frei erzählen und nicht Ihren Text irgendwo ablesen! Für Proben eignet sich ein preiswerter Notenständer – gespielt und erzählt wird aber immer frei. Denn Vorlesen und Erzählen sind immerhin zwei verschiedene Paar Schuhe!

Alle Spielanleitungen, die Ihnen Tipps und Ratschläge geben sind in Klammern () und *kursiv* gesetzt. Wenn Sie sich beispielsweise für die erste Wendung der Puppe auf Großmutter umdrehen, d.h. vom Publikum wegdrehen sollen, dann lesen Sie: *(um 180 Grad drehen, Puppe auf Großmutter wenden, wieder zum Publikum umdrehen).* Übrigens können Sie entscheiden, ob Sie sich wirklich drehen wollen, oder die Verwandlung einfach locker in den Verlauf mit einbauen. Ich persönlich bevorzuge in meinen Veranstaltungen die letztere Variante. Häufig werden Sie auch *(zum Publikum gehen, Kontakt zu einem Einzelnen aufnehmen und nach Möglichkeit ansprechen und/oder berühren)* lesen. Dies ist insbesondere bei Demenzkranken besonders wichtig, da es Ihre Aufgabe ist, emotional stark auf Ihre Zuhörerschaft einzuwirken. Ich gehe bei allem davon aus, dass Sie schlagfertig auf Äußerungen des Publikums reagieren können. Hierbei müssen Sie absolut professionell und empathisch bleiben und sich auf keinen Fall im Ton vergreifen. Wenn ich Möglichkeiten für Zurufe o.ä. im Text erkenne, weil ich sie bereits an der Stelle erlebt habe, dann lesen Sie

(Improvisation möglicherweise erforderlich). Da die Stimmlage und Lautstärke abwechslungsreich gestaltet werden soll kommen auch diesbezüglich Tipps für Sie. Beispielsweise *(Stimme auf Wolf wechseln, lauter)*. Nicht gleich erschrecken, aber es ist schon wirklich sehr schön, wenn Sie den handelnden Figuren eigene **Stimmlagen** zuordnen können (s.o.). Noch schöner wird es sein, wenn Sie diese auch während der Veranstaltung **absolut stringent beibehalten**. Schließlich klingt Rotkäppchen mit der bösen tiefen Wolfstimme ziemlich peinlich, oder?

Rotkäppchen
Märchen der Gebrüder Grimm mit Spielanleitung

(Möglichkeit 1: ErzählerIn steht hinter Bühnenhintergrund, beginnt zu singen „Ich trag ´n rotes Käppchen, das find ich so schön" auf die Melodie von „Alle meine Entchen", hält Puppe im rechten Arm vor dem Bauch, tritt auf, steht dann vor dem Hintergrund, Publikum sieht Puppe nicht von vorn, ErzählerIn schaut ins Publikum und beginnt mit der Erzählung…

Möglichkeit 2: ohne Hintergrund und Leuchten, ErzählerIn tritt von der Seite vor Publikum, setzt sich mit Puppe im Arm - Puppengesicht zum Körper - ErzählerIn schaut ins Publikum und beginnt mit der Erzählung…)

Einen schönen guten Tag! Mein Name ist *Vorname*, *Name*. Ich habe Euch heute eine spannende Geschichte mitgebracht. Es ist ein spannendes Märchen. Das Märchen heißt Rotkäppchen.

(ErzählerIn dreht Puppe um, Puppe schaut ins Publikum, steht auf linken Unterarm der ErzählerIn, rechte Hand greift Puppe im Nacken zwischen Kopf und Schulter)

Es war einmal ein kleines süßes Mädchen. Jeder, der sie sah, hatte sie sofort ganz dolle lieb.

(mit rechter Hand geführt schaut Puppe durch das Publikum und nimmt „Blickkontakt" zu den Anwesenden auf)

Ja, so war das wirklich, jeder musste sie einfach lieb haben, so süß und freundlich war sie. Am allerliebsten von allen hatte sie ihre Großmutter. Die machte ihr deshalb immer wieder viele Geschenke. Ihr fiel aber bald gar nichts mehr ein, was sie ihrer hübschen Enkelin noch alles so schenken konnte. Doch eines Tages hatte die Großmutter plötzlich eine tolle Idee: Sie schenkte ihr ein Käppchen von rotem Samt.

(Puppe dreht sich vom Publikum weg, ErzählerIn zeigt auf Kappe)

Die stand Rotkäppchen so gut, dass sie gar nichts anderes mehr anziehen wollte. So kam das Mädchen zu dem Namen „Rotkäppchen", denn alle nannten sie deshalb nur noch so.

(Puppe dreht sich wieder zum Publikum, ErzählerIn lässt Puppe auf linkem Unterarm etwas hin und her laufen, erzählt dabei:)

Rotkäppchen lebte in einem kleinen Dorf. Dort gefiel es ihr sehr gut, denn es war Sommer und sie konnte den ganzen Tag draußen mit ihren Freundinnen spielen.

(Puppe läuft auf Unterarm oder (wenn Sie sitzen) auf dem Oberschenkel der ErzählerIn hin und her, schaut scheinbar nach ihren Freundinnen)

Sie spielten Fangen und Verstecken – ja das waren wirklich schöne friedliche Sommertage für Rotkäppchen.

Eines Tages rief die Mutter nach ihr: „Rotkäppchen, komm bitte schnell her zu mir!"

(Puppe stoppt und schaut nach links)

Die Mutter sagte: „Schau einmal, hier im Korb ist ein großes Stück Kuchen und eine Flasche guter Wein. Bitte bring´ das zur Großmutter nachhause. Du weißt doch, sie ist krank und liegt den ganzen Tag im Bett. Sie fühlt sich sehr schwach. Kuchen und Wein – das wird ihr richtig gut tun. Dann wird es ihr wieder gleich viel besser gehen. Rotkäppchen, geh´ los bevor es heute heiß wird."

„Na klar, mach ich gerne", antwortete Rotkäppchen und nahm sich den Korb.

„Pass auf wenn Du losgehst", befahl die Mutter, „sei brav und verlass nicht den richtigen Weg. Nachher stolperst Du, fällst hin und die Flasche zerbricht. Dann hast Du nichts mehr für die Großmutter".

„Ja, ich passe auf", versprach Rotkäppchen. „Ach, und wenn Du in ihre Stube kommst, vergiss nicht Guten Morgen zu sagen und guck nicht in alle Ecken."

„Ich will schon alles richtig machen", sagte Rotkäppchen zur Mutter und gab ihr das Ehrenwort darauf. Rotkäppchen verabschiedete sich von ihrer Mutter und machte sich auf den Weg.

(Puppe tippelt auf Unterarm hin und her, wenn ErzählerIn sitzt auf den Oberschenkeln)

Die Großmutter aber wohnte weit draußen im dunklen, dunklen Wald. Das war eine halbe Stunde zu Fuß vom Dorf entfernt. Rotkäppchen war gerade im Wald, da kam ihr ein Wolf entgegen. Rotkäppchen aber wusste nicht was das für ein böses Tier war. Sie kannte überhaupt keinen Wolf und fürchtete sich deshalb rein gar nicht vor ihm.

„Guten Tag, Rotkäppchen", sprach der Wolf Rotkäppchen an.

„Schönen Dank, Herr Wolf", antwortete Rotkäppchen artig.

„Wohin gehst Du denn heute so früh, Rotkäppchen?", fragte der Wolf.

„Zu meiner Großmutter," sagte Rotkäppchen.

„Was was trägst Du in Deinem Korb unter der Schürze?", wollte der Wolf neugierig wissen.

„Kuchen und Wein: gestern haben wir zuhause gebacken - das hier ich ist für sie. Großmutter ist krank und schwach. Sie soll sich damit wieder stärken."

„Rotkäppchen, wo wohnt denn Deine Großmutter?" fragte der Wolf.

„Noch eine gute Viertelstunde von hier weiter im Wald, unter den drei großen Eichbäumen steht ihr Haus, unten sind die Nusshecken, das wirst du ja wissen", sagte Rotkäppchen.

„Ja, genau", erwiderte der Wolf.

Der böse Wolf dachte bei sich: „Das junge zarte Ding, das ist ein fetter Bissen, der wird noch besser schmecken als die Alte. Ich musst es listig anfangen, damit ich mir beide schnappen kann."

Da ging er ein Weilchen neben Rotkäppchen her, dann sprach er:

„Rotkäppchen, sieh einmal die schönen Blumen, die da rings umher stehen, warum guckst du dich nicht um? Ich glaube du hörst gar nicht, wie die Vöglein so lieblich singen? Du gehst ja für dich hin als wenn du zur Schule gehst. Dabei ist so lustig hier draußen in dem Wald."

Rotkäppchen schlug die Augen auf: Sie sah wie die Sonnenstrahlen durch die Bäume hin und her tanzten und dass alles voll schöner Blumen stand. Sie dachte:

„Wenn ich der Großmutter einen frischen Strauß Blumen mitbringe, der wird ihr ganz bestimmt auch Freude machen. Es ist so früh, dass ich bestimmt doch noch pünktlich ankomme".

(Puppe läuft hin und her, bückt sich wie zum Blumen pflücken)

Rotkäppchen lief vom Wege ab direkt in den Wald
hinein und suchte hübsche Blumen für ihre Großmutter. Und wenn sie eine gepflückt hatte, meinte sie weiter hinten im Wald wäre noch eine
schönere und sie lief dahin. So geriet Rotkäppchen immer tiefer und tiefer in den dunklen Wald
hinein.

Der Wolf aber ging geradewegs zum Haus der Großmutter.

Dort klopfte er an die Türe.

(Puppe auf Großmutter wenden)

„Wer ist draußen?", fragte die Großmutter.

„Rotkäppchen", behauptete der Wolf. „Ich bringe Dir Kuchen und Wein zur Stärkung. Bitte mach auf!"

„Drück nur auf die Türklinke," rief die Großmutter, „Es ist nicht abgeschlossen. Ich bin zu schwach und kann nicht aufstehen", erklärte die Großmutter.

(Großmutterpuppe auf Wolf wenden)

Der Wolf drückte auf die Klinke, die Türe sprang auf und er ging, ohne ein Wort zu sprechen, gerade zum Bett der Großmutter und verschluckte sie mit einem Happs. Dann tat er ihre Kleider an, setzte ihre Haube auf, legte sich in ihr Bett und zog die Vorhänge vor das Fenster.

(Puppe auf Rotkäppchen wenden)

Rotkäppchen aber hatte die ganze Zeit nach Blumen gesucht. In ihrer Hand hielt sie einen riesigen bunten Strauß. Mit einem Mal fiel ihr die Großmutter wieder ein. „Au Backe", dachte sie und lief schnell wieder auf den Weg zurück.

(Puppe läuft auf Unterarm resp. Oberschenkeln hin und her)

Nach einiger Zeit erreichte sie das kleine Haus der Großmutter.

(Puppe bleibt stehen, schaut ins Publikum)

„Komisch, da steht ja die Tür auf", wunderte sie sich. „Die ist doch sonst immer verschlossen", erinnerte sich Rotkäppchen sofort.

(Puppe geht hin und her, schaut dann wieder ins Publikum)

Als sie das Haus betrat, kam ihr in der Stube alles irgendwie so seltsam vor. Rotkäppchen fürchtete sich und bekam große Angst.

(Puppe weicht zurück, schaut wieder ins Publikum)

Sie dachte: „Mein Gott, ich bin doch sonst so gern bei der Großmutter! Was ist heute denn bloß los?" Rotkäppchen rief laut und deutlich Richtung Bett der Großmutter: „Guten Morgen", bekam aber keine Antwort. Daraufhin ging sie zum Bett und zog die Vorhänge an den Fenstern zurück.

(Puppe auf Wolf wenden, Wolfpuppe liegt auf Oberschenkeln oder Unterarm)

Da lag die Großmutter, und hatte die Haube tief ins Gesicht gesetzt und sah so wunderlich aus.

„Ei, Großmutter, was hast du für große Ohren?", fragte Rotkäppchen.

„Damit ich dich besser hören kann", antwortete der Wolf.

„Ei, Großmutter, was hast du für große Augen?"

„Damit ich dich besser sehen kann!"

„Ei, Großmutter, was hast du für große Hände?"

„Damit ich dich besser packen kann!"

„Aber Großmutter, was hast du für ein entsetzlich großes Maul?"

„Dass ich dich besser fressen kann", brüllte der Wolf.

(Wolfpuppe springt auf)

Kaum hatte er das gesagt sprang er auf, raus aus dem Bett und verschlang das arme Rotkäppchen mit einem Happs.

(Wolfpuppe windet sich hin und her, will Rotkäppchen damit durch den Schlund in den Magen zu transportieren, rülpst leise)

„Hui, das war lecker. Jetzt bin ich aber so richtig satt", grunzte der Wolf. Dann legte er sich wieder ins Bett und schlief sofort ein.

(Wolfpuppe legt sich wieder auf Oberschenkel oder Unterarm)

Er fing an fürchterlich laut zu schnarchen.

(schnarchen, Wolfpuppe bewegt sich dabei nach oben und wieder nach unten)

Dabei hob sich sein Bauch und senkte sich wieder.

Während der gefräßige Wolf tief und fest schlief ging ein Jäger am Haus vorbei. Er dachte: „Meine Güte, die alte Frau schnarcht ja so laut. Ich muss mal nachschauen, ob alles in Ordnung ist. Vielleicht fehlt ihr ja etwas."

(Wolfpuppe schläft immer noch)

Der Jäger betrat Großmutters Stube. Als er am Bett stand, erkannte er dass der Wolf darin lag.

„Hier steckst Du, Du alter Sünder", sagte er, „ich suche Dich schon ganz lange."

Der Jäger wollte mit seinem Gewehr auf den Wolf schießen. Er nahm das Gewehr hoch – doch mit einem Mal fiel ihm ein, der Wolf könnte die Großmutter ja gefressen haben. Er senkte das Gewehr.

„Vielleicht kann ich sie ja noch retten", dachte er. Der Jäger schoss nicht auf den Wolf. Er legte die Flinte beiseite und suchte in Großmutters Stube nach einer Schere.

(Gestik: Mit zwei Fingern Schere und Schneiden imitieren)

Er fand eine, nahm sie in die rechte Hand und fing an dem schlafenden Wolf den Bauch aufzuschneiden. Nach ein paar Schnitten sah er schon das rote Käppchen von Rotkäppchen leuchten.

(Wolfpuppe auf Rotkäppchen wenden)

Noch ein paar Schnitte weiter sprang das Mädchen heraus und rief: „Danke! Ich hab´ mich so erschrocken! Und es war so furchtbar dunkel in dem Wolf seinem Bauch!"

(Puppe hüpft vor lauter Freude hin und her, auf Großmutter wenden)

Und dann kam die alte Großmutter aus dem Bauch heraus. Sie lebte noch, konnte aber kaum noch atmen. Sie war völlig erschöpft.

(Großmutterpuppe liegt auf Unterarm oder Oberschenkeln und japst, schnappt nach Luft)

Rotkäppchen aber holte schnell große Steine.

(Großmutterpuppe auf Wolf wenden)

Damit füllten sie dem Wolf den Bauch und als er aufwachte, wollte er weglaufen.

(Wolfpuppe will wegrennen – kann aber nicht, bleibt auf der Stelle, fällt dann um)

Die Steine aber waren so schwer, dass er gleich niedersank und tot umfiel.

(Wolfpuppe auf Großmutter wenden)

Da waren alle drei vergnügt; der Jäger zog dem Wolf den Pelz ab und ging damit heim, die Großmutter aß den Kuchen und trank den Wein den Rotkäppchen gebracht hatte. Sie erholte sich wieder.

(Großmutterpuppe auf Rotkäppchen wenden)

Rotkäppchen aber dachte: „Ich will nie mehr in meinen ganzen Leben wieder allein vom Wege ab in den Wald laufen, wenn dies mir meine Mutter verboten hat."

Und wenn sie nicht gestorben sind, dann leben sie noch heute.

(Verbeugung von Puppe und ErzählerIn, sagt zum Abschied:)

Das war das Märchen vom Rotkäppchen. Ich freue mich, wenn die Geschichte Euch Spaß gemacht hat. Rotkäppchen und ihrer Großmutter geht es wirk-

lich sehr gut - ich glaube, morgen wird schon
wieder gebacken. Darauf freuen sich Rotkäppchen
und seine Großmutter schon heute.

-Ende-

Rotkäppchen
Märchen der Gebrüder Grimm – Vorleseversion

Einen schönen guten Tag! Mein Name ist *Vorname, Nachname*. Ich habe Euch heute eine spannende Geschichte mitgebracht. Es ist ein Märchen. Das Märchen heißt Rotkäppchen.

Es war einmal ein kleines süßes Mädchen. Jeder, der sie sah, hatte sie sofort ganz dolle lieb.

Ja, so war das wirklich, jeder musste sie einfach lieb haben, so süß und freundlich war sie. Am allerliebsten von allen hatte sie ihre Großmutter. Die machte ihr deshalb immer viele Geschenke. Ihr fiel aber bald gar nichts mehr ein, was sie ihrer hübschen Enkelin schenken konnte. Doch eines Tages hatte die Großmutter plötzlich eine tolle Idee: Sie schenkte ihr ein Käppchen von rotem Samt.

Die stand Rotkäppchen so gut, dass sie gar nichts anderes mehr anziehen wollte. So kam das Mädchen zu dem Namen „Rotkäppchen", denn alle nannten sie deshalb nur noch so.

Rotkäppchen lebte in einem kleinen Dorf. Dort gefiel es ihr sehr gut, denn es war Sommer und di konnte den ganzen Tag draußen mit ihren Freundinnen spielen.
Sie spielten Fangen und Verstecken – ja das waren wirklich schöne friedliche Sommertage für Rotkäppchen.

Eines Tages rief die Mutter nach ihr: „Rotkäppchen, komm bitte her zu mir!"

Die Mutter sagte: „Schau einmal, hier im Korb
ist ein großes Stück Kuchen und eine Flasche guter Wein. Bitte bring das zur Großmutter nachhause. Du weißt doch, sie ist krank und liegt
den ganzen Tag im Bett. Sie fühlt sich sehr
schwach. Kuchen und Wein – das wird ihr richtig
gut tun. Dann wird es ihr wieder gleich viel
besser gehen. Rotkäppchen, geh´ los bevor es
heute heiß wird.

„Na klar, mach ich gerne", antwortete Rotkäppchen und nahm sich den Korb. „Pass auf wenn Du
losgehst", befahl die Mutter, „sei brav und verlass nicht den richtigen Weg. Nachher stolperst
Du, fällst hin und die Flasche zerbricht. Dann
hast Du nichts mehr für die Großmutter". „Ja,
ich passe auf", versprach Rotkäppchen. „Ach, und
wenn Du in ihre Stube kommst, vergiss nicht Guten Morgen zu sagen und guck nicht in alle
Ecken." „Ich will schon alles richtig machen",
sagte Rotkäppchen zur Mutter und gab ihr das Ehrenwort darauf. Rotkäppchen verabschiedete sich
von ihrer Mutter und machte sich auf den Weg.

Die Großmutter aber wohnte weit draußen im dunklen Wald. Das war eine halbe Stunde zu Fuß vom
Dorf entfernt.

Rotkäppchen war gerade im Wald, da kam ihr ein
Wolf entgegen. Rotkäppchen aber wusste nicht was

das für ein böses Tier war. Sie kannte überhaupt keinen Wolf und fürchtete sich deshalb rein gar nicht vor ihm.

„Guten Tag, Rotkäppchen", sprach er.

„Schönen Dank, Herr Wolf", antwortete Rotkäppchen artig.

„Wohin gehst Du denn heute so früh, Rotkäppchen?"

„Zu meiner Großmutter."

„Was was trägst Du in Deinem Korb unter der Schürze?"

„Kuchen und Wein: gestern haben wir zuhause gebacken, das hier ich ist für sie. Großmutter ist krank und schwach. Sie soll sich damit wieder stärken."

„Rotkäppchen, wo wohnt denn Deine Großmutter?" fragte der Wolf neugierig.

„Noch eine gute Viertelstunde von hier weiter im Wald, unter den drei großen Eichbäumen steht ihr Haus, unten sind die Nusshecken, das wirst du ja wissen", sagte Rotkäppchen.

„Ja, genau", erwiderte der Wolf.

Der böse Wolf dachte bei sich: „Das junge zarte Ding, das ist ein fetter Bissen, der wird noch besser schmecken als die Alte. Ich musst es listig anfangen, damit ich mir beide schnappen kann."

Da ging er ein Weilchen neben Rotkäppchen her, dann sprach er:

„Rotkäppchen, sieh einmal die schönen Blumen, die da rings umher stehen, warum guckst du dich nicht um? Ich glaube du hörst gar nicht, wie die Vöglein so lieblich singen? Du gehst ja für dich hin als wenn du zur Schule gehst. Dabei ist so lustig hier draußen in dem Wald."

Rotkäppchen schlug die Augen auf: Sie sah wie die Sonnenstrahlen durch die Bäume hin und her tanzten und dass alles voll schöner Blumen stand. Sie dachte: „Wenn ich der Großmutter einen frischen Strauß Blumen mitbringe, der wird ihr ganz bestimmt auch Freude machen. Es ist so früh, dass ich bestimmt doch noch pünktlich ankomme".

Rotkäppchen lief vom Wege ab direkt in den Wald hinein und suchte hübsche Blumen für ihre Großmutter. Und wenn sie eine gepflückt hatte, meinte sie weiter hinten im Wald wäre noch eine schönere und sie lief dahin. So geriet Rotkäppchen immer tiefer und tiefer in den dunklen Wald hinein.

Der Wolf aber ging geradewegs zum Haus der Großmutter.

Dort klopfte er an die Türe.

„Wer ist draußen?", fragte die Großmutter.

„Rotkäppchen", behauptete der Wolf. „Ich bringe
Dir Kuchen und Wein zur Stärkung. Bitte mach
auf!"

„Drück nur auf die Türklinke," rief die Großmutter, „Es ist nicht abgeschlossen. Ich bin zu
schwach und kann nicht aufstehen", erklärte die
Großmutter.

Der Wolf drückte auf die Klinke, die Türe sprang
auf und er ging, ohne ein Wort zu sprechen, gerade zum Bett der Großmutter und verschluckte
sie mit einem Happs. Dann tat er ihre Kleider
an, setzte ihre Haube auf, legte sich in ihr
Bett und zog die Vorhänge vor das Fenster.

Rotkäppchen aber hatte die ganze Zeit nach Blumen gesucht. In ihrer Hand hielt sie einen riesigen bunten Strauß. Mit einem Mal fiel ihr die
Großmutter wieder ein. „Au Backe", dachte sie
und lief schnell wieder auf den Weg zurück.
Nach einiger Zeit erreichte sie das kleine Haus
der Großmutter.

„Komisch, da steht ja die Tür auf", wunderte sie sich. „Die ist doch sonst immer verschlossen", erinnerte sich Rotkäppchen sofort.

Als sie das Haus betrat, kam ihr in der Stube alles irgendwie so seltsam vor. Rotkäppchen fürchtete sich und bekam große Angst.

Sie dachte: „Mein Gott, ich bin doch sonst so gern bei der Großmutter! Was ist heute denn bloß los?" Rotkäppchen rief laut und deutlich Richtung Bett der Großmutter: „Guten Morgen", bekam aber keine Antwort. Daraufhin ging sie zum Bett und zog die Vorhänge an den Fenstern zurück.

Da lag die Großmutter, und hatte die Haube tief ins Gesicht gesetzt und sah so wunderlich aus.

„Ei, Großmutter, was hast du für große Ohren?", fragte Rotkäppchen.

„Damit ich dich besser hören kann", antwortete der Wolf.

„Ei, Großmutter, was hast du für große Augen?"

„Damit ich dich besser sehen kann!"

„Ei, Großmutter, was hast du für große Hände?"

„Damit ich dich besser packen kann!"

„Aber Großmutter, was hast du für ein entsetzlich großes Maul?"

„Dass ich dich besser fressen kann", brüllte der Wolf.

Kaum hatte er das gesagt sprang er auf, raus aus dem Bett und verschlang das arme Rotkäppchen mit einem Happs.

„Hui, das war lecker. Jetzt bin ich aber so richtig satt", rülpste der Wolf. Dann legte er sich wieder ins Bett und schlief sofort ein.

Er fing an fürchterlich laut zu schnarchen.

Dabei hob sich sein Bauch und senkte sich wieder.

Während der gefräßige Wolf tief und fest schlief ging ein Jäger am Haus vorbei. Er dachte: „Meine Güte, die alte Frau schnarcht ja so laut. Ich muss mal nachschauen, ob alles in Ordnung ist. Vielleicht fehlt ihr ja etwas."

Der Jäger betrat Großmutters Stube. Als er am Bett stand, erkannte er dass der Wolf darin lag.

„Hier steckst Du, Du alter Sünder", sagte er, „ich suche Dich schon ganz lange."

Der Jäger wollte mit seinem Gewehr auf den Wolf schießen. Er nahm das Gewehr hoch – doch mit einem Mal fiel ihm ein, der Wolf könnte die Großmutter ja gefressen haben. Er senkte das Gewehr. „Vielleicht kann ich sie ja noch retten", dachte er. Der Jäger schoss nicht auf den Wolf. Er legte die Flinte beiseite und suchte in Großmutters Stube nach einer Schere.

Er fand eine, nahm sie in die rechte Hand und fing an dem schlafenden Wolf den Bauch aufzuschneiden. Nach ein paar Schnitten sah er schon das rote Käppchen von Rotkäppchen leuchten.

Noch ein paar Schnitte weiter sprang das Mädchen heraus und rief: „Danke! Ich hab´ mich so erschrocken! Und es war so furchtbar dunkel in dem Wolf seinem Bauch!"

Und dann kam die alte Großmutter aus dem Bauch heraus. Sie lebte noch, konnte aber kaum noch atmen. Sie war völlig erschöpft.

Rotkäppchen aber holte schnell große Steine.

Damit füllten sie dem Wolf den Bauch und als er aufwachte, wollte er weglaufen.

Die Steine aber waren so schwer, dass er gleich niedersank und tot umfiel.

Da waren alle drei vergnügt; der Jäger zog dem Wolf den Pelz ab und ging damit heim, die Großmutter aß den Kuchen und trank den Wein den Rotkäppchen gebracht hatte. Sie erholte sich wieder.

Rotkäppchen aber dachte: „Ich will nie mehr in meinen ganzen Leben wieder allein vom Wege ab in den Wald laufen, wenn dies mir meine Mutter verboten hat."

Und wenn sie nicht gestorben sind, dann leben sie noch heute.

(Verbeugung, ErzählerIn sagt zum Abschied:)

Das war das Märchen vom Rotkäppchen. Ich freue mich, wenn die Geschichte Euch Spaß gemacht hat. Rotkäppchen und ihrer Großmutter geht es wirklich sehr gut - ich glaube, morgen wird schon wieder gebacken. Darauf freuen sich Rotkäppchen und seine Großmutter schon heute.

-Ende-

Über den Autor
Mehr als zehn Jahre Bühnenerfahrung

Neben Kinderarmut, Krebs und Ungerechtigkeit bei der Verteilung der finanziellen Mittel in der Weltbevölkerung stellen sich für mich die Krankheiten Alzheimer und Demenz als künftig immer mehr zunehmende Bedrohung für die Menschen dar. Dies betrifft die Erkrankten UND ihre Pflegerinnen und Pfleger in Einrichtungen. Ganz besonders groß sind die Belastungen auch für die pflegenden Angehörigen Daheim.

Als ich die Worte „In unserer Gesellschaft bleibt uns nichts anderes übrig, als dement zu werden" des bekannten Neurobiologen Dr. Gerald Hüther in einem Vortrag hörte, erkannte ich das Ausmaß dessen, was in den kommenden Jahren diesbezüglich auf unsere Gesellschaft zukommen wird. Ich beschloss mich einzubringen, zu helfen. Doch das „Was" und „Wie" war mir anfänglich nicht klar. Was brachte ich dazu schon besonderes mit? O.K.: Ein Jahrzehnt Theatererfahrung mit eigener Bühne in Berlin, Schattenspiel und Lesungen in Schleswig-Holstein, eigene Bearbeitung von Märchenstücken, recht gute Kompetenz im Figurenbau, solide Programmierkenntnisse in Java und Python, ausgeprägtes technisches und elektronisches Verständnis und letztendlich – ich vergaß es fast – ein abgeschlossenes Studium der Soziologie und Psychologie. „Damit muss doch etwas zu machen sein", dachte ich mir.

Die Turbulenzen meiner Arbeitsbiografie ließen mein Ansinnen vorerst in den Hintergrund treten.

Lange Jahre war ich als Dozent, Coach und Lehrer im Einsatz für Menschen. Erneut Kontakt aufgenommen haben das Thema „Demenz" und ich vor einigen Jahren. Ich war verantwortlich für die berufliche Weiterentwicklung von Menschen, die sich beruflich verändern wollten. Im Angebot war auch die Schulung als Betreuungskraft nach §53c SGB XI. Selbstverständlich informierte ich mich genau über Lerninhalte und Berufschancen und – Schwupps – da war mein Thema wieder.

Nach umfangreichen Recherchen wuchs mein Plan schneller als ich Mindmaps und Notizen schreiben konnte. Dann stand mein Konzept für die Werkstatt für Therapiepuppen und Märchen endlich fest.

Michael Felske im Einsatz mit Handpuppe Kalle.   Foto: Franka Felske

Therapiepuppen und Märchen
Darstellung meines Werkstattprojekts

Entwickelt werden im Projekt Therapiepuppen und einfache Handpuppen mit Spielanleitungen für Betreuer. Großes Fernziel sind intelligente Figuren für Erkrankte zum Liebhaben, die gleichzeitig z.B. auch den Zustand des Elektroherdes überwachen können oder erzählen können. Angeregt wurde ich dazu durch die Demenzpuppe Seerobbe Robby. Hier gibt es bei mir im Projekt seit Mitte des Jahres 2017 erste Erfolge, die allerdings noch nicht serienreif und öffentlich sind.

Das weitere Angebot erstreckt sich über 10-Minuten-Aktivierung für Senioren mit großen Handpuppen, auf demenzgerechte Märchenerzählungen, Erfindung von Nestelprodukten wie Decken, Kissen und Spielen, die Erarbeitung von Literatur (wie z.B. dieser Publikation hier) sowie die Durchführung von Kursen zur Anleitung des Puppenspiels mit großen Handpuppen und Wendepuppen. Selbstverständlich kommt der Märchenerzähler auch zu Kinderveranstaltungen und Stadtfesten aller Art.

Bei allen Einsätzen im Zusammenhang mit Demenz ist es wichtig, dass ich über Kenntnisse dieser Erkrankungen und der bestehenden Hygienevorschriften verfüge.

Surftipps zu meinen Webseiten
Therapiepuppen, Märchen und Demenz

Jeder, der Zugang zum Internet hat, kann sich über die Themen Märchen, Demenz und Therapiepuppen umfassend informieren. Internetbuchhändler-liefern über Märchen und Märchenerzählen zahlreiche Treffer. Eigentlich standen hier Surftipps über vier Seiten und sechs Seiten mit passender Literatur.

Schließlich habe ich alles gelöscht und beschränke mich nun auf zwei Internetadressen, die unmittelbar mit mir zu tun haben. Zum einen ist es mein Blog mit Informationen zur Kommunikation mit Demenzerkrankten und die Rolle von Puppen **http://hilfe-bei-demenz.blogspot.com.** Diesen Blog füttere ich nach Möglichkeit wöchentlich mit Texten, damit meine Leser auf dem neuesten Stand sein können.

Der zweite Tipp bezieht sich auf meine Projekt-Homepage **http://www.therapiepuppen-und-maerchen.de.** Hier finden Sie alle Informationen über Vergangenheit und Zukunft meiner Werkstatt für Therapiepuppen und Märchen. Zusätzlich stehen dort auch meine Kontaktdaten, falls Sie mich als Märchenerzähler oder Kursleiter für das Spiel mit großen Handpuppen engagieren wollen. Von dort gibt es auch einen direkten Verweis zum Blog.

Ich freue mich auf Ihren Besuch in der digitalen Welt!